AF588917

à Monsieur Thévenot,

Directeur de l'Ecole normale de Dijon.

GUIDE MUSICAL

DE

l'Instituteur,

OU

RECUEIL

DE

Solfèges, Exercices, Chœurs, Messes, Motets, etc.

avec Accompt. d'Orgue

(très facile)

PAR

EUGÈNE CHANAT,

Professeur à l'Ecole Normale de Dijon.

PRIX NET 6f.

Ouvrage approuvé par Mr. LAURENT DE RILLÉ Inspecteur général du Chant des Ecoles Normales et Lycées Impériaux.

à Paris chez E. GIROD éditeur Boulevart Montmartre, 16.
A DIJON, chez MANIÈRE Libraire Place d'Arme.

1867

à Monsieur Eugène Chanat Professeur de musique à l'école normale de Dijon.

Monsieur,

J'ai lu avec intérêt votre ouvrage intitulé Guide Musical de L'instituteur, ou recueil de Solfèges, Chœurs, Messes, Mo_tets, etc... avec accompagnement d'Orgue très facile.

Ce travail consciencieusement étudié me parait appelé a rendre des services réels dans l'enseignement de la musique il sera particulierement utile aux instituteurs qui desirent tou_cher l'orgue à l'Eglise et réhausser ainsi la pompe des cérémonies religieuses.

Recevez Monsieur avec mes félicitations l'assurance de mes sentiments dévoués.

LAURENT de RILLÉ.

120

LEÇONS MÉLODIQUES DE SOLFÈGE

à 1. 2. et 3. Voix.

dans tous les TONS MAJEURS et MINEURS.

EN DO MAJEUR.

EN LA MINEUR.

Ton relatif de DO Majeur.

EN SOL MAJEUR.

EN MI MINEUR.

Ton relatif de SOL Majeur.

EN FA MAJEUR.

Allegretto.
N° 19.
ff
p
ff
1
N° 20.
p
pp
p
Allegretto.
N° 21.
p
ff
Andante.
N° 22.
pp
pp
ff
pp

EN RÉ MINEUR.

Ton relatif de FA Majeur.

Lento.
26.
Rall
EN RÉ MAJEUR.
Moderato.
27.
Andantino.
28.
Rall

Andante.
N.° 29.
p
Moderato.
N.° 30.
p
EN SI MINEUR.
Ton relatif de RÉ majeur.
Largo.
N.° 31.
p

Allegretto.
N° 32.
ff
ff
p
Moderato.
N° 33.
ff
1a
2a
p
p
1° tempo.
Lento.
N° 34.
p
Rall:
Moderato.
N° 35.
p
p
ff
pp
f
pp
ff

EN SI ♭ MAJEUR

Allegretto.
Nº 39.
p
ff
p
EN SOL MINEUR
(ton relatif de SI ♭ Majeur)
Andantino.
Nº 40.
p
p
ff
Moderato.
Nº 41.
p
p
Lento.
Nº 42.
p
p

Allegretto.
N° 43.
All° moderato.
N° 44.
pp
EN LA MAJEUR.
Moderato.
N° 45.
p
p
ff
Andante.
N° 46.
ff
p

Nº 47.
Andante. Espressivo.
PARTIE.
PARTIE.
pp
pp
p
Rall:
Nº 48.
Allegretto.
p
p
FIN
ff
1ª
2ª

EN FA ♯ MINEUR
(ton relatif de LA Majeur)

N° 49. *Andante.*

p

p

N° 50. *Largo.*

p

p

p

p

ff

ff

N° 51. *Andante.*

p

N° 52. *Rondoletto.*

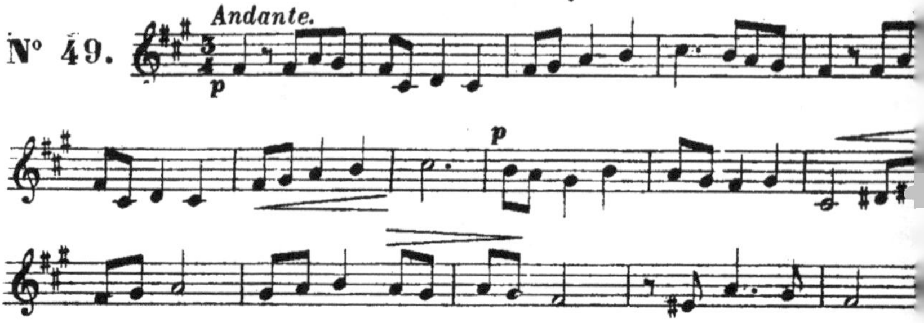

1e PARTIE.

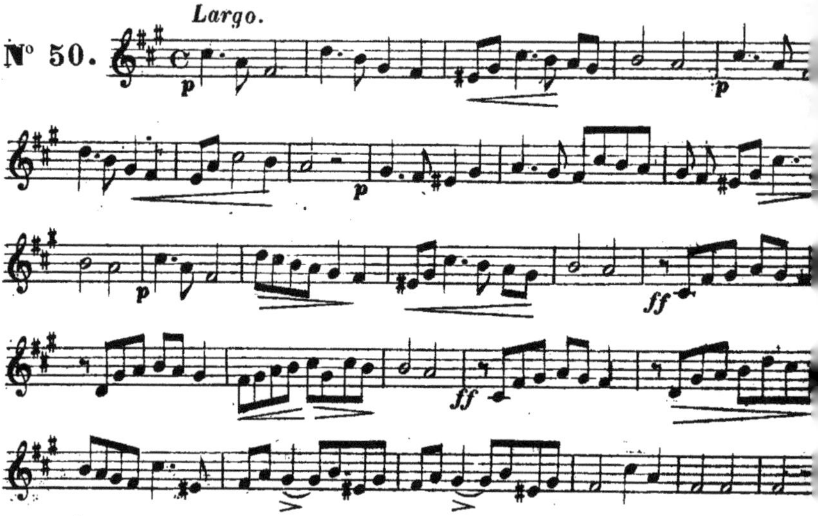

pp

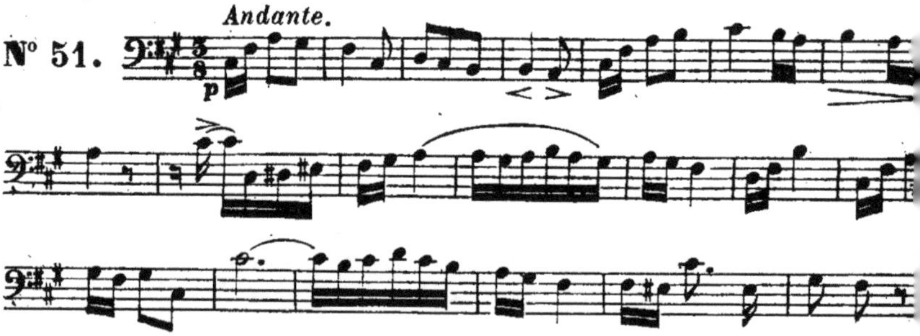

2e PARTIE.

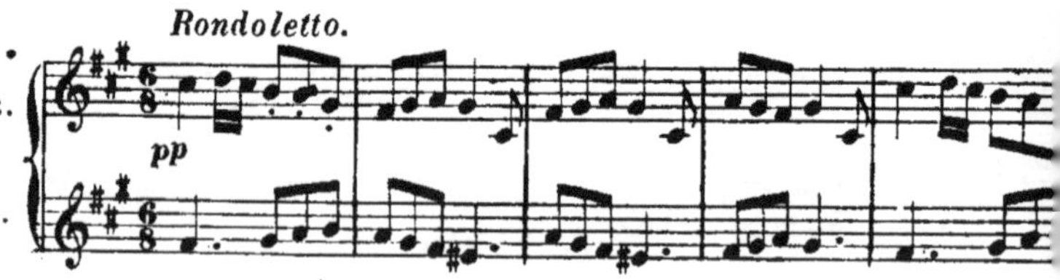

ff
pp
EN MI ♭ MAJEUR
Moderato.
53.
p
pp
p
Andante.
2e
TIES
54.
p
SSE
p

Nº 55.

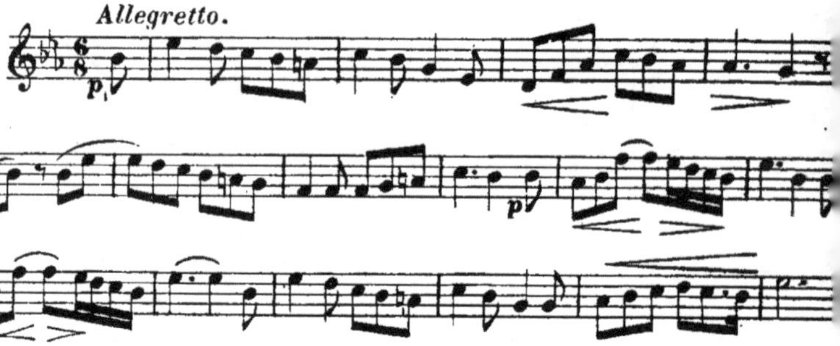
Allegretto.

Nº 56.

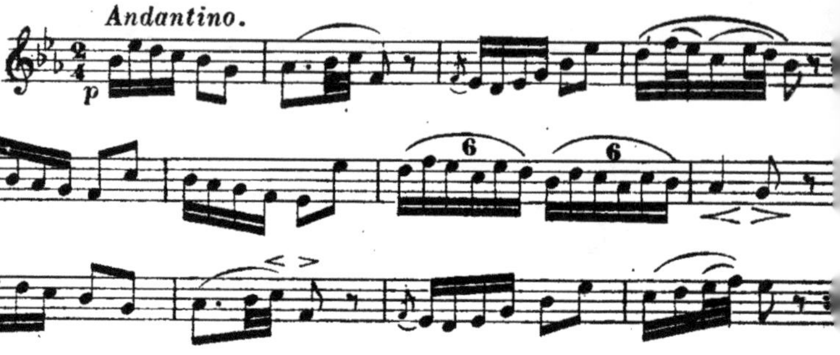
Andantino.

EN DO NATUREL MINEUR
(ton relatif de Mi♭ Majeur)

Nº 57.

Allegretto.

Nº 58.

Adagio.

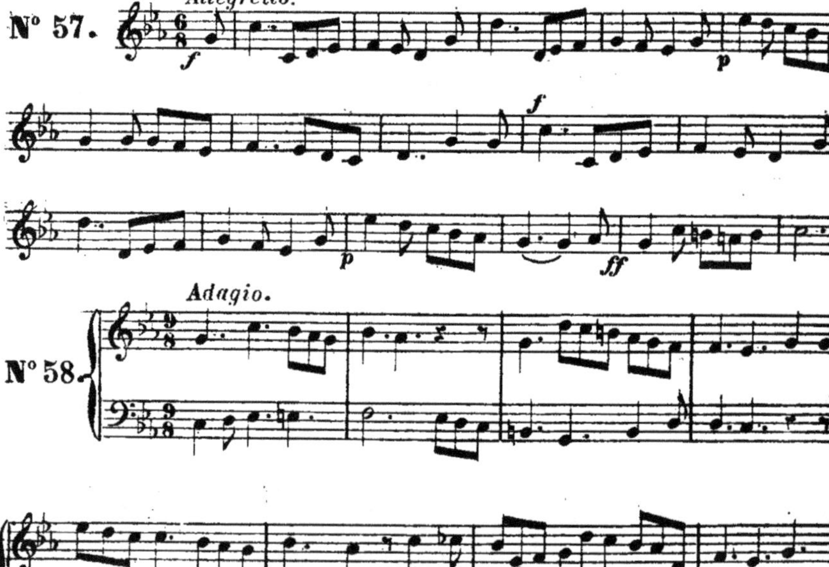

Rall:
1° tempo.
1a
2a
Largo.
59.
ff
p
ff

EN MI MAJEUR

Moderato.
N° 60.
Gracioso.
N° 61.
Rall:
I° tempo.
Allegretto pastorale.
N° 62.
A 3 VOIX
1a
2a

EN DO♯ MINEUR.

ton relatif de MI majeur

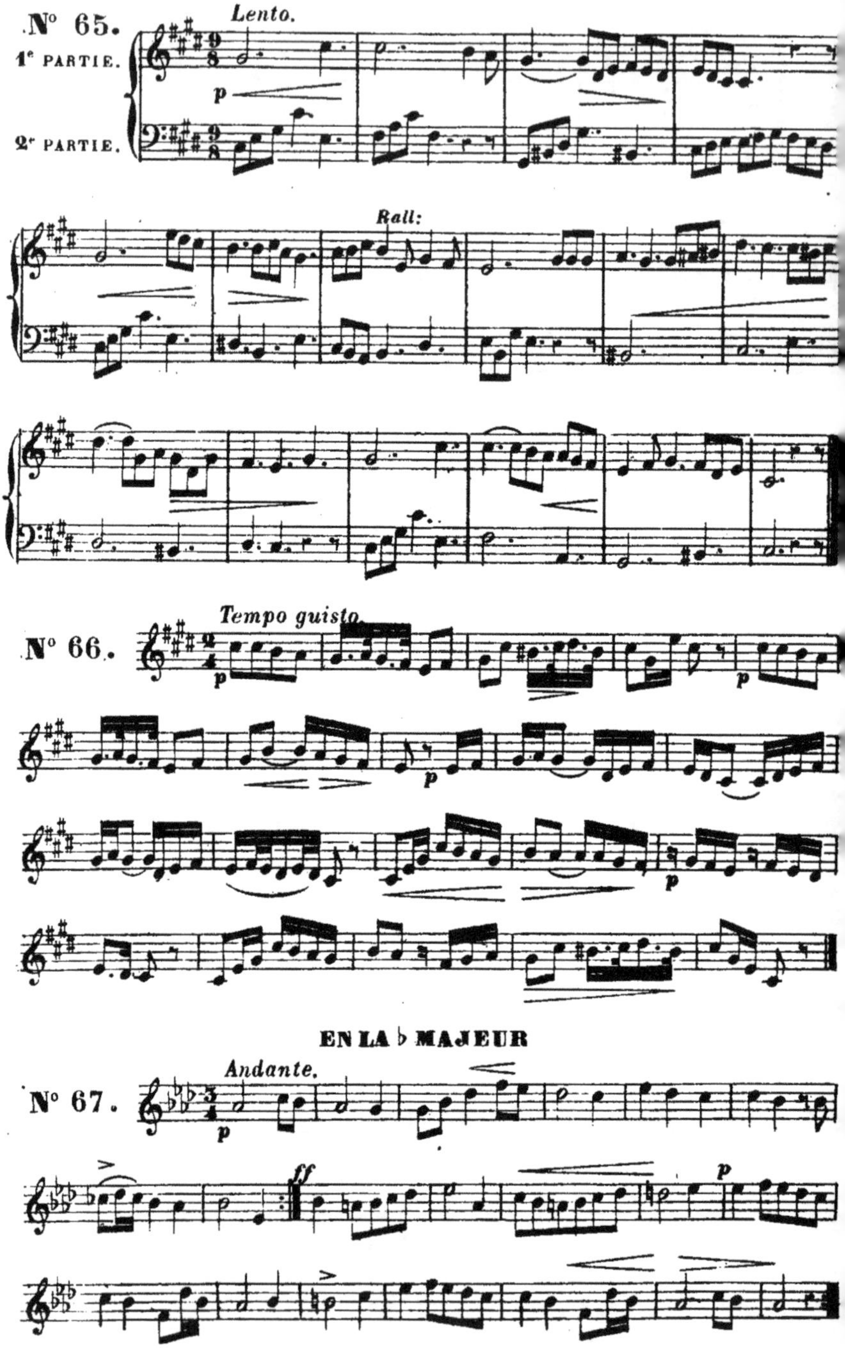
N° 65.
Lento.
1e PARTIE.
2e PARTIE.
p
Rall:
N° 66.
Tempo guisto.
p
p
p
p
EN LA ♭ MAJEUR
N° 67.
Andante.
p
ff
p

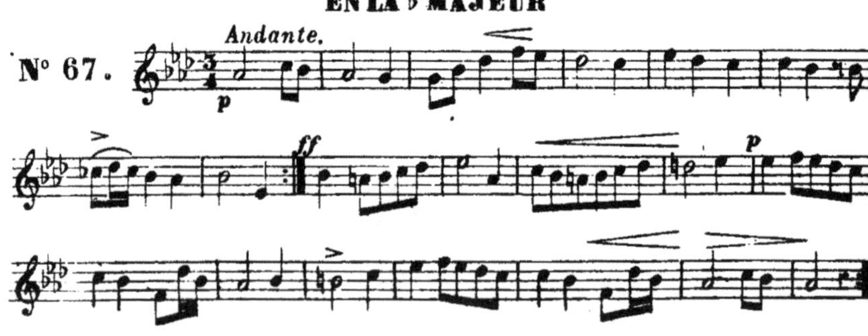

Moderato.
A 3 VOIX
1e et 2e PARTIES
No 68.
3e PARTIE
pp
pp
p
Moderato.
No 69.
p
ff
p
ff
Allegretto
No 70.
p
p

EN FA NATUREL MINEUR

ton relatif de LA ♭ majeur

EN SI MAJEUR.

(Observation) En faisant transposer l'Elève comme il est indiqué ci-dessus; lui bien faire comprendre que;
Le ♮ remplace le ♯ ou le ♭; le ♯ et le ♭ remplace le x ou le 𝄫 et Vice Versa.

Andantino.
N° 77.
FIN
EN SOL ♯ MINEUR
(ton relatif de SI Majeur)
Faire chanter précédament les N° 78,79, 80 et 81 dans cette tonalité (sol Mineur)
Moderato.
N° 78.
Allegretto.
N° 79.
1a
2a
N° 80.
Andante.
1e PARTIE.
2e PARTIE.
BASSE.

1a
2a
Andantino.
No 81.
p
p
ff
p
ff

EN RE♭ MAJEUR

Faire chanter précédament les Nos 82,83 et 84 dans c
tonalité: (Re Naturel Majeur)
Martial.
N° 82.
ff
pp
1a
2a
Andantino.
N° 83.
p
Largo.
N° 84.

p
Rall:
EN SI♭ MINEUR
ton relatif de RE♭ Majeur.
Faire chanter précédament les Nos 85,86,87 et 88 dans cette tonalité Si Naturel Mineur.
Lento.
No 85.
1a
2a
1a
2a
Allegretto.
No 86.
ff

N° 87.

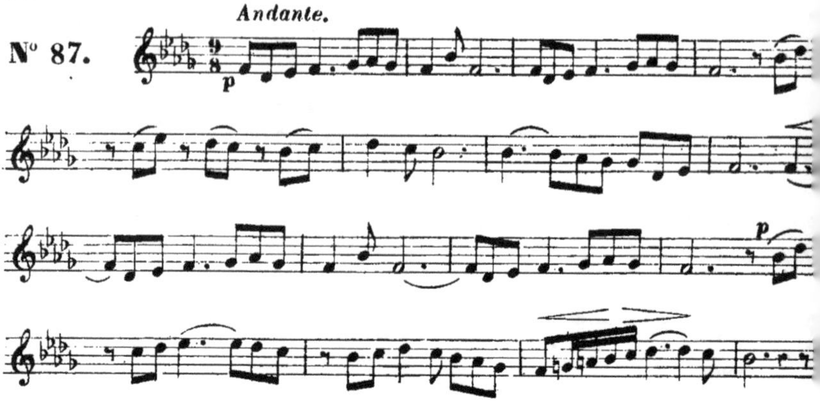
Andante.
p
p

N° 88.

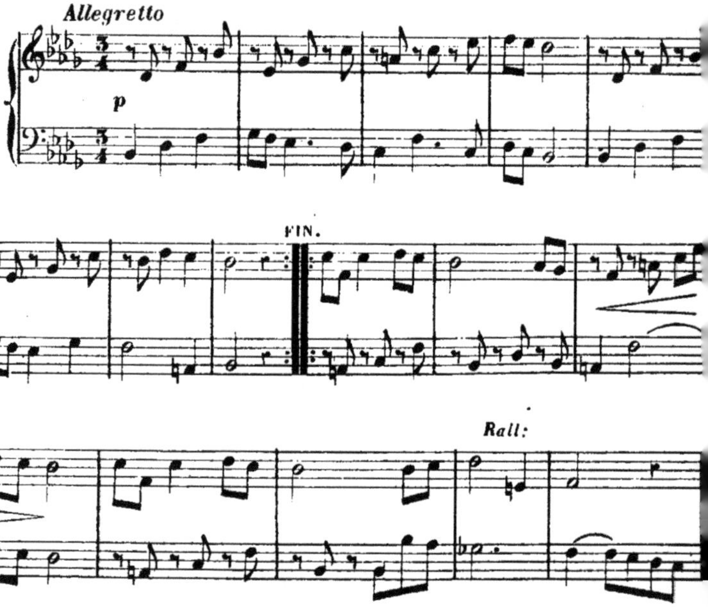
Allegretto
p
FIN.
Rall:

EN FA♯ MAJEUR

Faire chanter précédament les N°s 89 90 91 et 92 dans cette tonalité (Fa Naturel Majeur)

N° 89.

Maestoso.
1a
2a

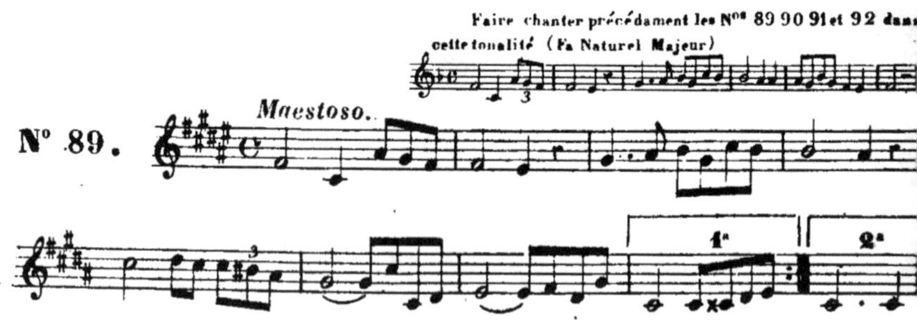

pp
Rall:
1a
2a
Nº 90.
Andante.
p
ff
pp
Rall:
Nº 91.
Pastorale
ff
ff
ff
Rall:

N° 92.

EN RE ♯ MINEUR

ton relatif de **FA ♯** Majeur.

Faire chanter précédament les N° 93, 94, 95 et 96 dans cette tonalité: Ré Naturel Mineur

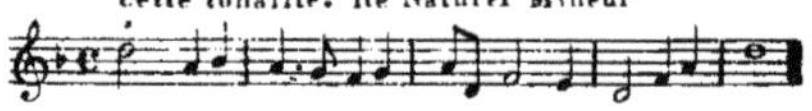

N° 93. *Martial.*

ff

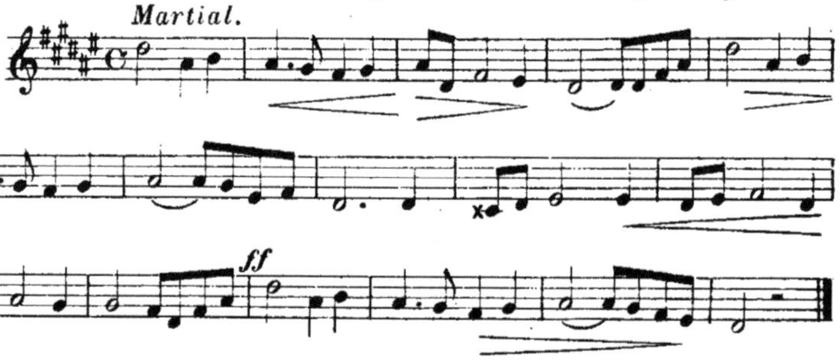

N° 94. *Andante.*

Rall:

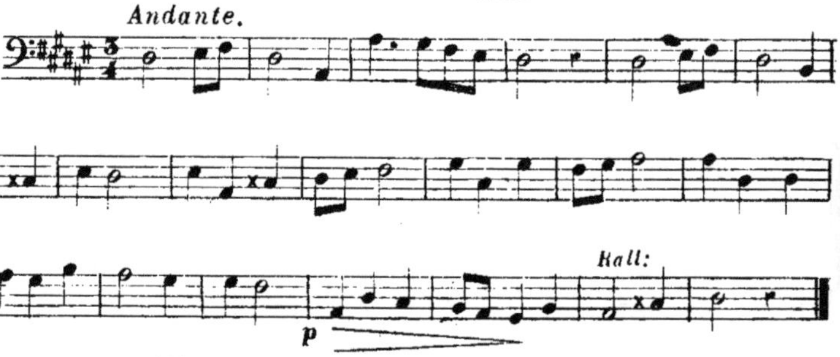

N° 95. *Allegretto*

1re PARTIE.

2e PARTIE.

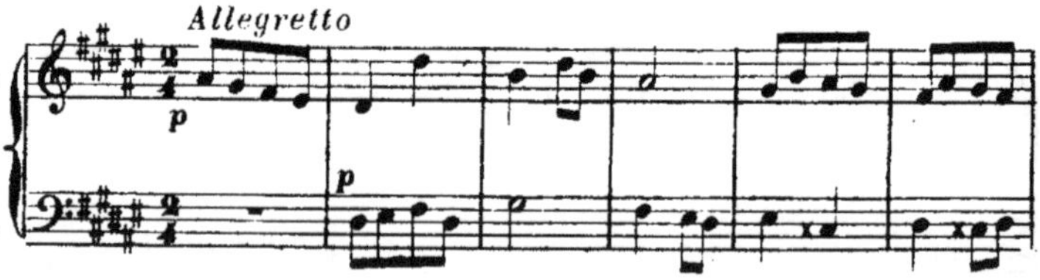

p
p
N° 96.
Pastorale.
p
ff
ff
pp
ff
EN SOL♭ MAJEUR
Faire chanter précédamment les N°s 97 98 99 et 100
dans cette tonalité: Sol Naturel Majeur
N° 97.
Moderato.
ff
p
ff
p

Andante.
Nº 98.
p
ff
Rall:
p
pp
Moderato.
Nº 99.
p
p
Rall:
Allegro.
Nº 100.
ff
Rall:
EN MI ♭ MINEUR
ton relatif de Sol ♭ majeur
Faire chanter précédament les Nos 101,102,103 dans cette tonalité (Mi Naturel Mineur)
Andante.
Nº 101.
p
p

ff
Maestoso
102.
Rall:
Andantino.
103.

EN DO ♯ MAJEUR

Faire chanter précédament les Nos 104, 105, 106, 107, dans cette tonalité. (Do Naturel Majeur)
Allegretto.
No 104.
Andantino.
No 105.
pp
pp
pp
ff
Largo.
No 106.
p
p

Andante.

Nº 107.

pp

Rall:

Rall:

pp

EN LA♯ MINEUR

(Ton relatif de DO♯ Majeur)

Faire chanter précédament les Nos 108, 109, 110, 111 et 112 dans cette tonalité (La Naturel Mineur)

Largo.

Nº 108.

ff

ff

p *Diminuendo.*

Andantino.

Nº 109.

p

Nos 111 et 112 ne font qu'un, on fera les reprises indiquées, en s'arrêtant au mot FIN.

EN DO♭ MAJEUR.

Faire chanter précédament les Nº 113 114 115 et 116 dans cette tonalité (Do naturel Majeur)
Moderato.
Nº 113.
p
Andantino.
Nº 114.
Rall:
Lento.
Nº 115.
ff

EN LA ♭ MINEUR

(Ton relatif de DO♭ Majeur)

Moderato.
A 3 VOIX.
119.
ARTIE.
ARTIE.
SSE.
pp
1a
2a
p
p
p
Allegretto
120.
p
ff
p

EXERCICES

(Remarque:) Faire transposer ces exercices dans différentes tonalités.

SONS FILÉS.

à 4 Voix.

L'OREILLER D'UN ENFANT.

Poésie de Mme DESBORDES VALMORE.

N° 126.

2e COUPLET. Beaucoup, beaucoup d'enfants, pauvres et nus sans mère,
Sans maisons n'ont jamais d'oreiller pour dormir,
Ils ont toujours sommeil! O destinée amère!
Maman, douce maman! cela me fait gémir.

3e COUPLET. Et quand j'ai prié Dieu pour tous ces petits anges!
Qui n'ont pas d'oreiller, moi j'embrasse le mien;
Et seul en mon doux nid qu'à tes pieds tu m'arranges
Je te bénis ma mère, et je touche le tien.

4e COUPLET. Je ne m'éveillerai qu'à la lueur première,
De l'aube, au rideau bleu; c'est si gai de la voir!
Je vais dire tout bas ma plus tendre prière
Donne encore un baiser, douce maman, bonsoir!

DICTÉE MUSICALE.

(REMARQUE) *Le professeur chantant ou jouant la dictée*
L'Elève devra trouver les Notes et la mesure.

PRIÈRE DU LUNDI.

Paroles de Madame **TASTU.**

N°. 128. *And^te. Religioso.*

1re. PARTIE.

2e. PARTIE.

p

Mon Dieu, pen_dant cet_te se_mai_ _ _ne, Dans mes le_çons Et dans mes jeux, Gar_dez_moi de faute ou de pei_ne, car qui dit l'un dit tous les deux Don_nez_moi

Mon Dieu, pen_dant cet_te se_mai_ _ _ne, Dans mes le_çons Et dans mes jeux, Gar_dez_moi de faute ou de pei_ne, car qui dit l'un dit tous les deux Don_nez_moi

pp

cette hu_meur do_ _ci_ _le Qui rend le
cette hu_meur do_ _ci_ _le Qui rend le
de_voir plus fa_ci_le, Et si ma mè_
ff
de_voir plus fa_ci_le, Et si ma mè_
_re m'a_ver_tit Au lieu de cet_es_
p
_re m'a_ver_tit Au lieu de cet es_
p
_prit fri_vo_le, Seigneur don_nez moi votre es_
ff
_prit fri_vo_le, Seigneur don_nez moi votre es_
ff
_prit Sei_gneur don_nez moi votre es_prit
pp
Rall
_prit Sei_gneur don_nez moi votre es_prit
pp
DICTÉE MUSICALE.
Nº 129.
Moderato.

LE BÉNÉDICITÉ.

Paroles de Madame **AMABLE TASTU.**

DE LA BIENFAISANCE.

Paroles de **VOLTAIRE.**

APPLICATION AU TRAVAIL.

Paroles de **RACINE.**

UNE MÈRE.

Paroles de **DUCIS**.

L'OISIVETÉ EST UN POISON.

Paroles de **DIDOT**.

N°. 134.

LA POLITESSE.

N°.135. Paroles de **VOLTAIRE**.

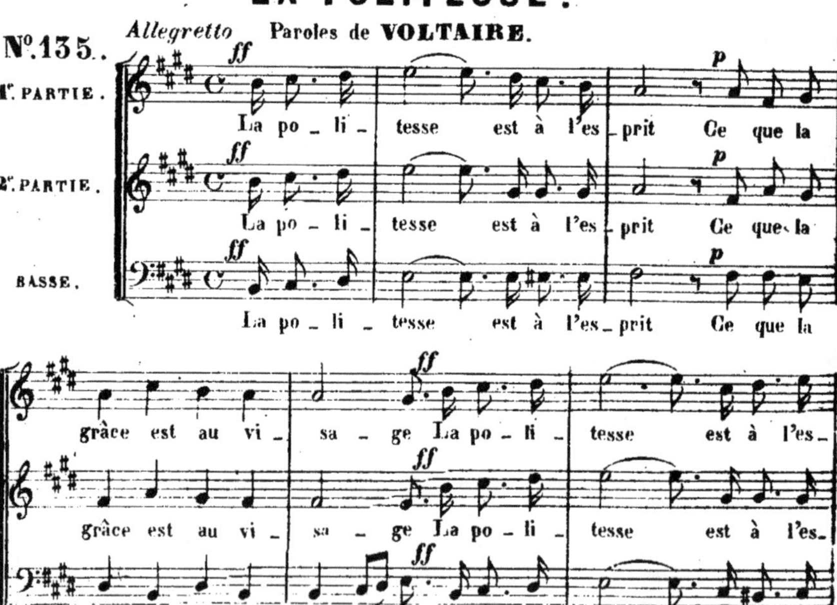

pp

prit De
prit ce que la grace est au vi _ _ sa _ ge; De
prit ce que la grace est au vi _ _ sa _ ge;

la bonté du cœur El_le est la douce i _ ma _ ge, de
la bon _ té du cœur Elle est la douce i _ ma _ ge, de
pp De la bonté du cœur Elle est la douce i _ ma _ ge,

pp la bon_té du cœur Elle est la douce i _ ma _ ge,
pp la bon_té du cœur Elle est la dou _ ce i _ ma _ ge
De la bonté du cœur Elle est la douce i _ ma _ ge

ff Et c'est la bon _ té *p* La bon té *p* qu'on ché _ rit.
Et c'est la bon _ té *p* qu'on ché _ rit.
Et c'est la bon _ té *p* qu'on ché _ rit.

ff. Largement

ff Et c'est la bon _ té C'est la bon _ té qu'on ché _ rit.
ff Et c'est la bon _ té *ff* C'est la bon _ té qu'on ché _ rit.
ff Et c'est la bon _ té *ff* C'est la bon _ té qu'on ché _ rit.

CHŒURS.

HOMMAGE AU CRÉATEUR.

1re
_cen _ ce Qu'on l'a _ do _ re _ ce Dieu qu'on l'in_vo _ que à ja _
2e
_cen _ ce Qu'on l'a_do _re ce Dieu qu'on l'in_vo _ que à ja _
3e
_cen _ ce Qu'on l'a _ do _ re qu'on l'in_vo _ que à ja _
1re et 2e P.
_mais Qu'on l'a _ do _ re ce Dieu qu'on l'invoque à ja _
_mais Qu'on l'a_do _ re_ce Dieu qu'on l'invoque à ja_
_mais qu'on l'a _ do _ re ce Dieu qu'on l'invoque à ja _
_mais qu'on l'a_do _ re ce Dieu qu'on l'invoque à ja

ad lib.
FIN.
_mais a ja_mais, a ja mais! à ja_mais
_mais qu'on l'adore ce Dieu qu'on l'invo_qué a ja_mais à ja_mais
ff
Moins vite
2e. Partie SOLI
Son em_pire a des temps pré_cé - dé la nais_
Moins vite
pp
pp
1e. et 2e. PARTIES
_san_ce Chan_tons, Chan_tons, publi_ons ces bienfaits, son em_
pp
p
_pire a des temps, pré_cé - dé la nais_san_ce Chan_
BASSE
son em_pire a des temps, précédé la nais_san_ce
pp

1re
Chantons Chantons pu_bli ons ces bien_faits chan_
2e
_tons Chan_tons publi_ons ces bien_faits chan_
3e
Chantons Chan_tons pu_bli ons ces bien_faits chantons, pu_
pp
pp
ff
p
_tons chan_tons pu_blions ces bien_faits chan_
_bli_ons ces bien_faits chan tons pu_bli ons ces bien_faits chantons pu_
pp
ff
Rall.
D.C.
_tons chan_tons pu_blions ces bien_faits.
_bli_ons ces bien_faits chan_tons pu_bli_ons ces bien_faits.
Rall

CHANT DU MATIN.

N°. 137.

ff
voeux t'of_fre ces premiers voeux le jour par
fre ces pre_miers voeux Oui! t'of _ fre t'of_fre ces
ff
ff
Rall
toi saintement commen cé, Et que par toi fi nis se le jour par toi si bien commen-
pp
pre _ miers voeux Et que par toi par toi fi _
pp
Rall
FIN.
cé Et que par toi fi_nis_se le jour par toi si bien com_men _ cé
_ nis_ se le jour par toi si bien com_men _ cé

Moderato
SOLI
p
ff
pp
pp
Les prés é
_ta _ lent leurs doux pré_sents les fleurs ex _ a _ lent leur pur en_
_cens Sur le ri _ va _ ge en bour_don_nant, l'a_beil_le
Légèrement
sa _ ge va bu_ti_nant, sous' la char_mil _ le tout chante et rit
pp
La La la la la ah au champtout bril _ le

Ball

Et tout fleu_rit au champ tout bril_le tout bril_le Et tout fleu_rit

ff

1re et 2^e PARTIES.

ff pp

Sous la char_mil _ le Tout chante et rit La la la la

BASSE

pp

Sous la char_mil _ le Tout chante et rit La la la la

pp

ff

la la la au champ tout bril_le Et tout fleu_rit au champ tout

la la la ff au champ tout bril _ le Et tout fleu_rit au champ tout

bril_le tout brille Et tout fleu _ rit

Ball. D.C. 𝄋

bril_ le Et tout fleu _ rit.

Ball.

bril_ le Et tout fleu _ rit.

Moins vite. Ball.

Suivez.

MESSE ROYALE DE DUMONT

En Ré Mineur.

KYRIE.

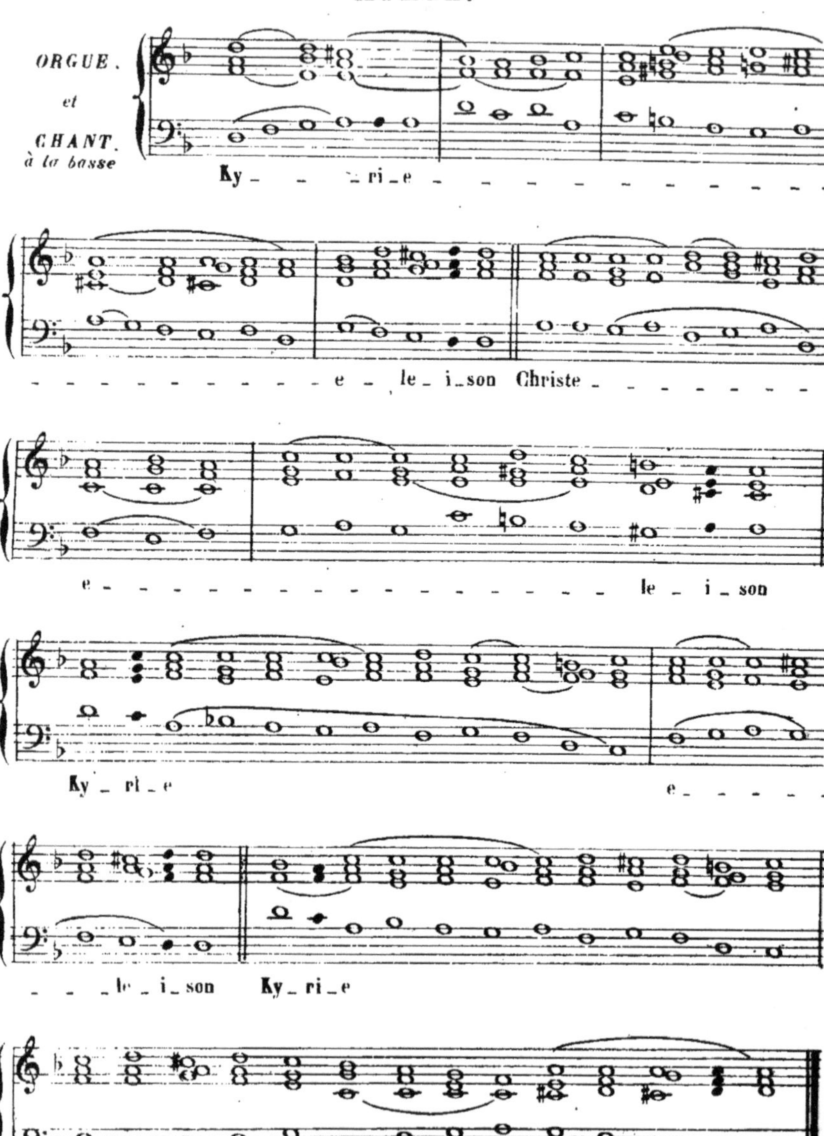

GLORIA.

Et in ter_ra pax ho_mi_ni_bus bo_na vo_lun_ta _ tis.

Lau _ da_mus te. Be_ne_di _ ci_mus te. A _ do _ ra_mus te.

Glo_ri_fi_ca _ mus te. Gra_ti_as_ a _ gi_mus ti_bi prop_ter ma_gnam

glo_ri_am tu_am Do_mi_ne De_us Rex coe_les_tis De _ us Pa_ter

om_ni _ po_tems. Do_mi_ne Fi_li u _ ni _ ge _ ni_te Je_su Christe

Do_ mi_ne De _ us A _ gnus De_i Fi _ li _ us Pa _ tris:

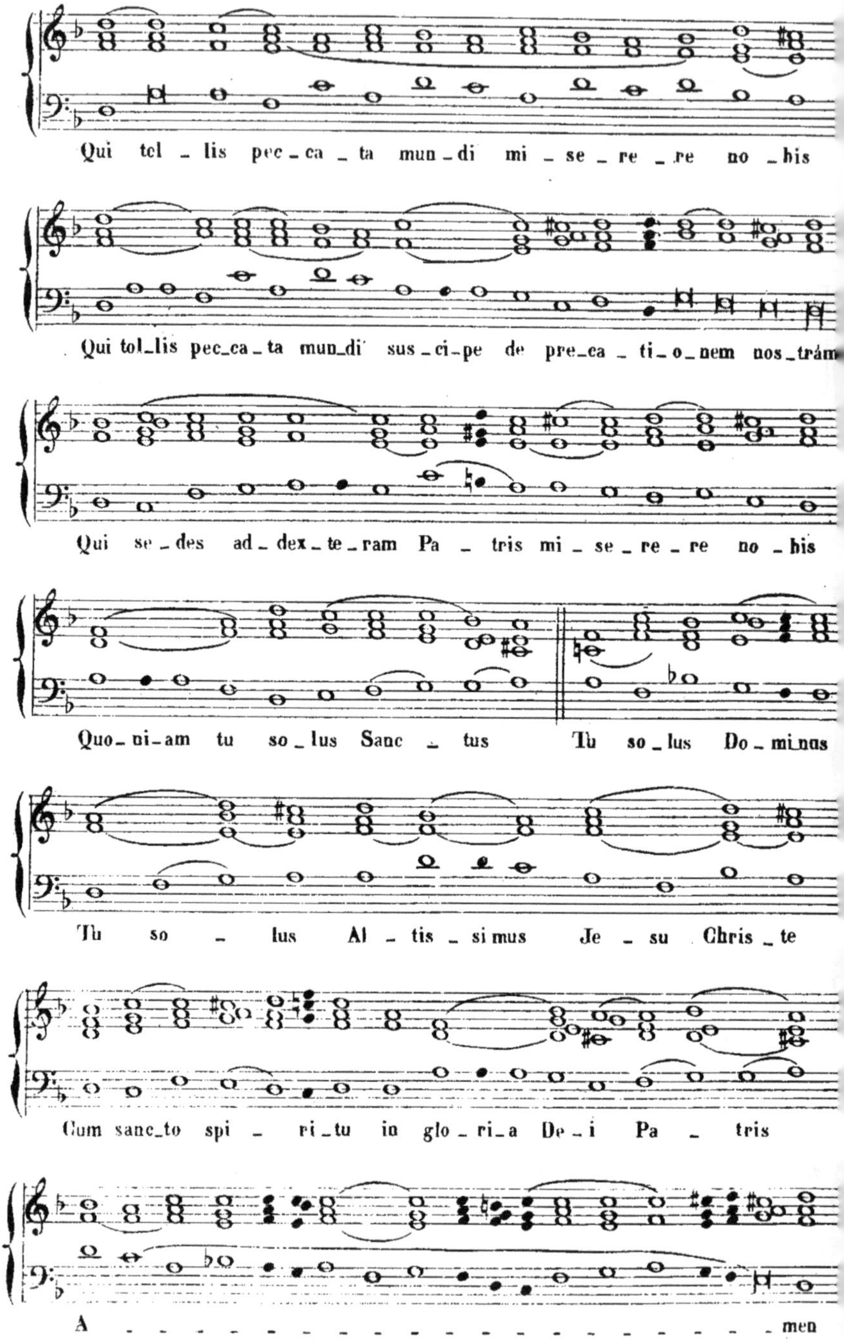

Qui tol _ lis pec _ ca _ ta mun _ di mi _ se _ re _ re no _ bis

Qui tol_lis pec_ca _ ta mun_di sus _ ci _ pe de pre_ca _ ti _ o _ nem nos_trám

Qui se _ des ad _ dex _ te _ ram Pa _ tris mi _ se _ re _ re no _ bis

Quo _ ni _ am tu so _ lus Sanc _ tus Tu so _ lus Do _ mi_nus

Tu so _ lus Al _ tis _ si mus Je _ su Chris _ te

Cum sanc_to spi _ ri _ tu in glo _ ri _ a De _ i Pa _ tris

A _ _ _ _ _ _ _ _ _ _ _ _ _ _ _ _ _ _ men

CREDO.

Pa_trem om_ni_poten_tem _ fac_to_rem cœ_li et ter_ræ

vi_si_bi_li_um om_ni_um et in_vi_si_bi_li_um

Et in u _ num Do _ mi _ num Je _ sum Chis_tum

Fi _ li _ um De _ i u _ ni _ ge _ ni_tum et ex Pa _ tre na

tum an te om _ ni _ a sæ _ cu _ la De _ um de De_

_o lu_men de lu_mi_ne De_um ve_rum de De_o ve _ ro

Ge_ni_tum non fac_tum consubs_tan_ti _ a_lem Pa _ tri per quem om_ni_

_a fac_ta sunt qui propter nos homi_ nes et prop ter nos_tram sa_lu_tem

des_cen_dit de coe_ _ _ _ li et in_ car_ na _ tus est

de spi_ri_tu sanc_to ex Ma_ ri _ a Vir_ gi_ne ET HO_MO FAC_TUS EST

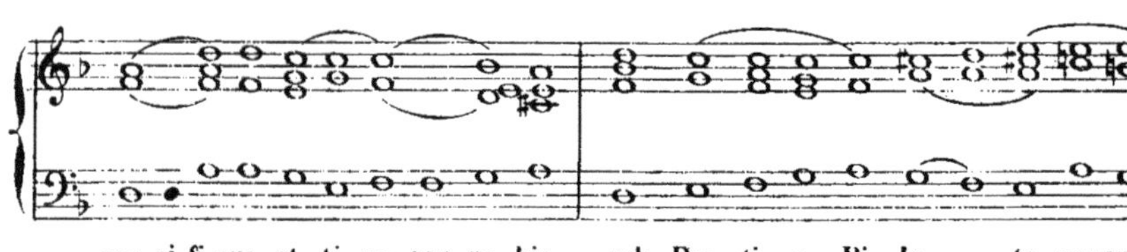

cru_ci_fi_xus et ti_am pro no_bis sub Pon_ti_o Pi_la _ to pas sus

et se_ pul_tus est et resurrexit ter_ti_a di_e se_cundum Scriptu _ras

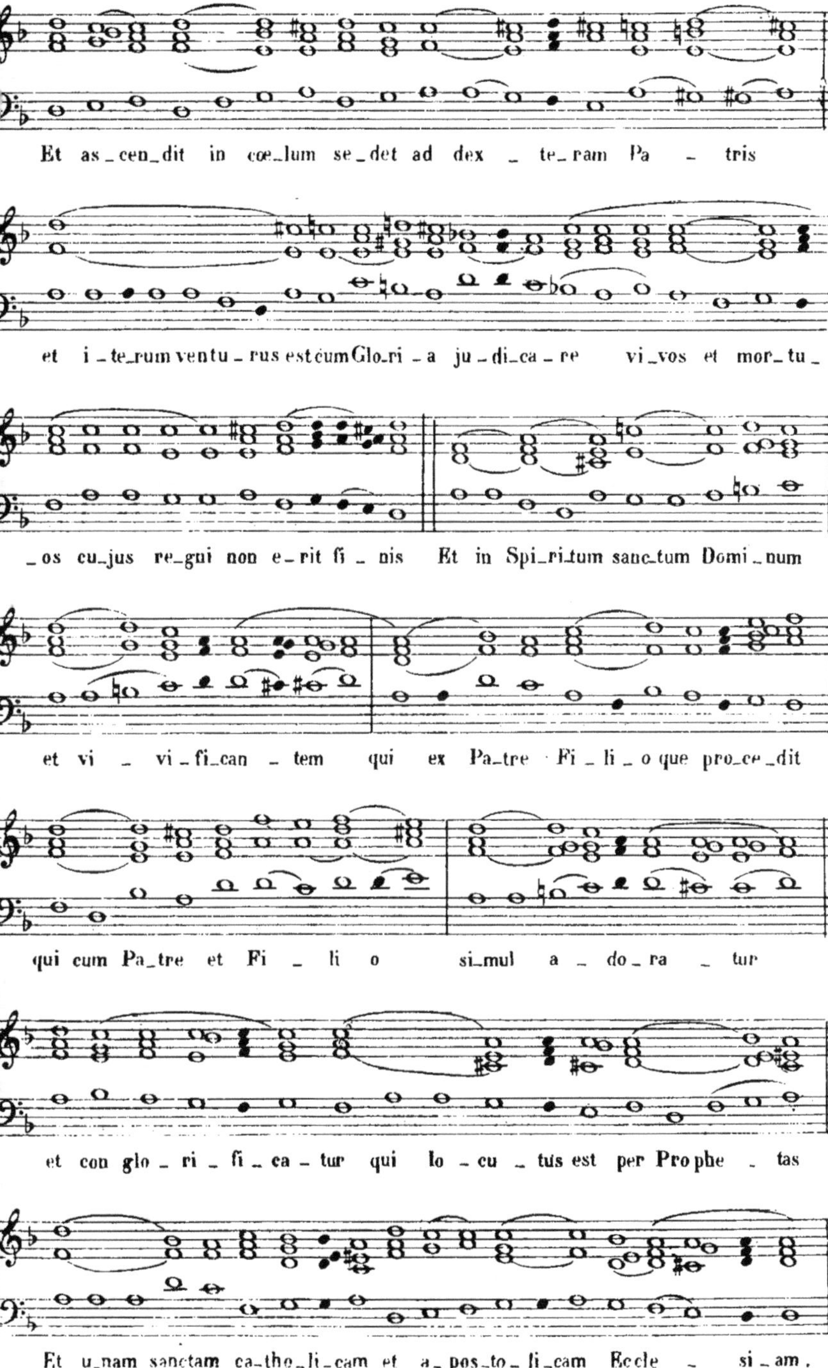
Et as_cen_dit in cœ_lum se_det ad dex _ te_ram Pa _ tris
et i_te_rum ventu_rus est cum Glo_ri_a ju_di_ca_re vi_vos et mor_tu_
_os cu_jus re_gni non e_rit fi_nis Et in Spi_ri_tum sanc_tum Domi_num
et vi _ vi_fi_can _ tem qui ex Pa_tre Fi_li_o que pro_ce_dit
qui cum Pa_tre et Fi _ li o si_mul a _ do_ra _ tur
et con glo_ri_fi_ca_tur qui lo_cu_tus est per Pro phe _ tas
Et u_nam sanctam ca_tho_li_cam et a_pos_to_li_cam Eccle _ si_am.

Con_fi _ te _ or u_num bap_tis _ ma in re_mis_si _ o_nem pec_ca_to _ rum
et ex _ pec _ to re _ sur _ rex _ ti _ o _ nem mor _ tu _ o _ rum

et vi_tam ven_tu _ ri se _ cu _li A _ _ _ _ _ _ _ _men

SANCTUS

Sanc _ _ _ tus Sanc _ _ _ _ _ _ tus

Sanc _ _ _ _ _ tus Do _ mi _ nus De _ us sa _ ba_oth.

Ple _ ni sunt cœ _ li et ter _ ra glo _ ri _ a tu _ a

ho _ san _ na in ex _ cel _ sis, Be _ dic _ tus qui ve _
nit in no _ mi _ ne Do _ mi _ ni. ho _ san _ na in ex _ cel _ sis

AGNUS.

A _ gnus De _ i qui tol _ lis pec _ ca _ ta mun _ di

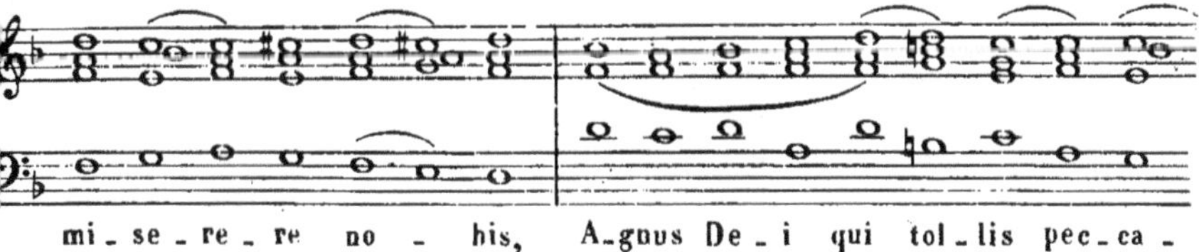
mi _ se _ re _ re no _ bis, A _ gnus De _ i qui tol _ lis pec _ ca _

_ ta mun _ di mi _ se _ re _ re no _ bis, A _ gnus De _ i

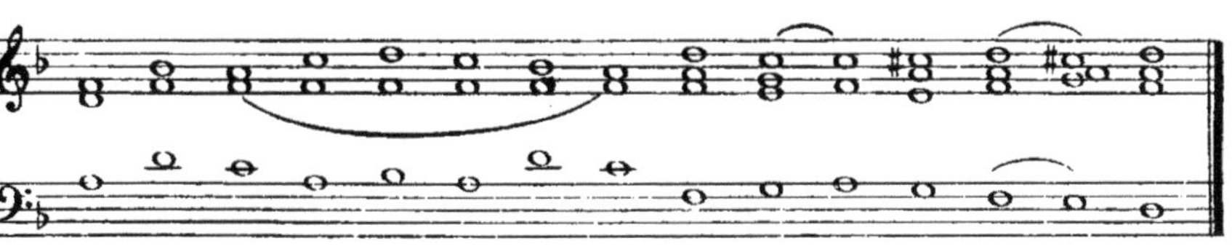
qui tol _ lis pec _ ca _ ta mun _ di, do _ na no _ bis pa _ cem.

PETITE MESSE EN UT

A 3 VOIX TRÈS FACILE.

_le _ i _ son e _ le _ i _ son Ky _ ri _ e e _ le _ i _ son e _
_e e _ le _ i _ son Ky_ _ ri _ e e _
_e e _ le _ i _ son Ky_ _ ri _ e e _
ff
pp
Diminuendo.
FIN.
_le _ i _ son Kyri _ e e le i son Kyri _ e e _ le _ i _ son.
pp
_le _ i _ son e _ le _ i _ son e _ le _ i _ son.
pp
_le _ i _ son e _ le _ i _ son e _ le _ i _ son.
SOLO.
p
Chris te e le ison
Piu lento.
pp

Chris _ te e _ le _ ison Chris _ te e _ le i son e _
_ le _ _ i _ son Chris _ te e _ le _ ison
p
pp
Chris _ te e _ le _ ison Chris _ te Chris _ te e _ le _ i _
_ son e _ le _ i _ son Chris _ te Chris _
_ te e _ le _ i son e _ le _ i _ son.
Rall:
Rall:
Rall:

GLORIA.

ff Allegro moderato
ARTIE
Glo - ri - a in excel - sis De - o Glo - ri - a
ARTIE
Glo - ri - a in excel - sis De - o Glo - ri - a
SSE.
Glo - - - ri - - - a in ex - cel - sis
GUE.
ff
in ex - cel - sis De - - o Glo - ri - a in ex - cel - sis
in ex - cel - sis De - - o Glo - - - ri - -
De - - - o Glo - ri - a Glo - - ri - -
De - - o Glo - ri - a in excel - sis De - o
- a in ex - cel - sis De - - - o
- a in ex - cel - sis De - - - o
ff

Glo - ri - a in ex - cel - sis De - - o Glo - ri - a
Glo - ri - a in ex - cel - sis De - - o Glo - ri - a
Glo - - ri - - a in ex - cel - sis
in excel - sis De - o Glo - ri a in excel - sis De -
in excel - sis De - o Glo - ri a in excel - sis De -
De - - o Glo - ri - a Glo - - ri - - a
- o in ex - cel - sis De - o, in ex - cel - sis
- o in ex - cel - sis De - - o, in ex - cel - sis
in ex - cel - sis De - - o, in excel - sis

De _ _ o in ex _ cel _ _ sis De _ o
De _ _ o in ex _ _ cel _ _ sis De _ o
De _ _ o in ex _ cel _ sis De _ o
p Moins vite.
et in ter _ ra pax ho _ mi _ ni _ bus ho _ næ
et in ter ra pax ho _ næ
p
et in ter _ ra pax ho _ mi _ ni _ bus ho _ næ vo _
vo _ lun _ ta _ tis Be _ ne _ di _ ci _ mus
vo _ lun _ ta _ tis Lau _ da _ mus te Be _ ne _ di _ ci _ mus
_ lun _ _ _ ta _ tis Lau _ da _ mus te Lau _ da _ mus

te Glo_ri _ fi _ ca _mus te
te A _ do _ ra _ mus te Glo_ri _ fi _ ca_ mus te
te A _ do _ ra _ mus te Glo_ri _ ca _ mus te
Andante.
SOLO.
p
Gra _ ti _ as a _ gimus a _ gi_mus ti _ bi,
pp
prop_ter magnam Glo_ri _ am tu _ am Do_mi _ ne De _
p
_us rex cœ _ les _ tis De _ us Pa _ ter om_

ff
pp
-ni - po - tens Domi-ne fi - li u - ni - ge - ni - te Je -
ff
Domi-ne fi - li u - ni - ge - ni - te Je -
pp
Do mi-ne fi - li u - ni - ge - ni - te Je-su Chris-
ff
Rall
-su Chris - te Je - su Chris - te
-su Chris - te Je - su Chris - te
SOLO
-te Je su Chris - te Je - su Chris - te Do - mi - ne De - us
pp
pp
Rall
A - gnus De - i Fi - li - us Pa - tris Pa - tris
Suivez

Lento.
pp
Qui tol_lis pec_ca_ta pec_ca_ta mun_di mi_se_re_re no_bis
pp
Qui tol_lis pec_ca_ta pec_ca_ta mun_di mi_se_re_re no_bis
Qui tol_lis pec_ca_ta mun - di mi_se_re_re no_bis

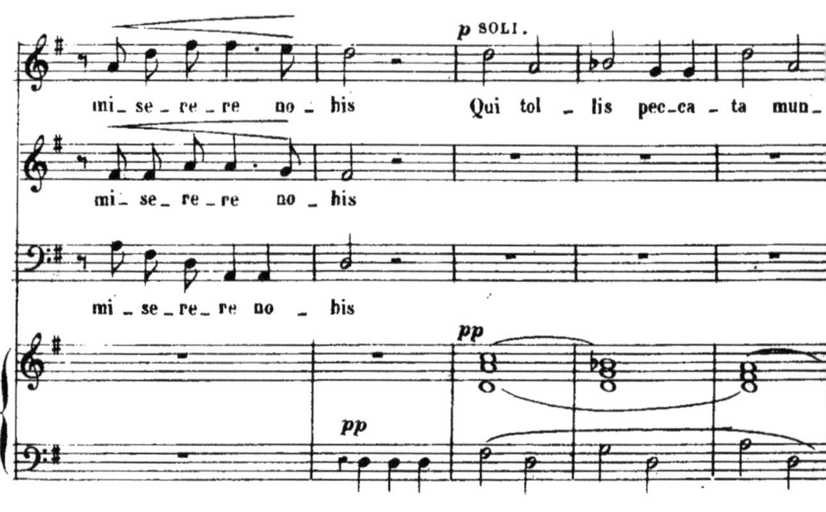
p SOLI.
mi_se_re_re no_bis Qui tol - lis pec_ca_ta mun-
mi_se_re_re no_bis
mi_se_re_re no - bis
pp
pp

-di sus_ci - pe De_pre_ca_ti - o - nem Nos - tram

SOLI.
p
qui se_des ad dex_te_ram Pa _ tris mi_
pp
_se _ re _ re no _ bis Qui se_des
ad dex_te_ram Pa _ _ _tris mi _ se _ re _ re
p
Rall.
no _ _ _bis mi_se _ re_re no _ bis
Suivez.

I°. tempo.
ff
Quo_ni_am tu so_lus Sanc _ tus tu so_lus tu so_lus
Quo _ ni_am tu so_lus Sanc tus tu so_lus tu so_lus
Quo _ _ ni _ _ am tu so_lus Sanc _ _ _ _ _
Do _ mi _ nus Tu so_lus Al _ tis _ si _ mus
Do _ mi _ nus Tu so _ _ lus Al_tis_si _
_tus Tu so lus Al _ tis _ si _ mus
pp
Je _ su Chris_te Quo_ni_am Tu so_lus Do_mi_
_mus Je _ su Chris_te Quo_ni_am Tu so_lus Do_mi_
Je _ su Chris_te Quo _ _ ni _ _ am

_nus Tu so_lus tu so_lus Al _ tis _ si _ mus Je _ su
_nus Tu so_lus tu so_lus Al _ tis _ si _ mus Je _ su
Tu so_lus Do _ _ mi _ _ nus Je _ su
Rall
Plus vite
pp
Chris _ te Je _ su Chris _ te Cum_sanc
Chris _ te Je _ su Chris _ te
Chris _ te Je _ su Chris _ te
pp
_to spi_ri _ tu in glo_ri _ a De _ i Pa _ tris
ff
Cum sanc _ to spi_ri _ tu in glo _ ri_a De _ i Pa _
Cum sanc _ to spi_ri _ tu A _ men
ff

A - men Cum sanc - to spi - ri - tu in glo - ri - a De
tris A - men Cum sanc - to spi - ri - tu in glo
A - men Cum sanc - to spi - ri - tu
Plus vite.
- i Pa - tris A - men A - men
- ri - a Pa - tris A - men A - men
- a A - men A - men
A - men A - men
A - men A - men
A - men A - men A - men A - men

SANCTUS.

Largo.
PARTIE.
ff Sanctus San_tus Sanc _ tus Do _ mi_nus
PARTIE.
ff Sanc_tus San_tus Sanc _ tus Do _ mi_nus
BASSE.
ff Sanc_tus San_tus Sanc _ tus Domi_nus De _ us
ORGUE.
ff
De _ us Sa _ ba _ oth Sanc_tus Sanc_tus Sanc _
De _ us Sa_ba _ oth Sanc_tus Sanc_tus Sanc _
Sa_ba_oth Sa _ ba _ oth Sanc _ tus Sanc_tus Sanc _
ff
_tus Do _ mi_nus De _ us Sa _ ba _ oth
_tus Do _ mi_nus De _ us Sa _ ba _ oth
_tus Do mi nus De _ us Sa _ ba_oth Sa _ ba _ oth

pp
Ple _ ni sunt coe _ li ple _ ni sunt coe _ li et ter _ ra
pp
Ple_ni sunt coe _ li ple _ ni sunt coe _ li et ter _ ra
pp
Ple_ni sunt cœ _ li ple_ni sunt cœ _ li et ter _ ra
ff
glo _ ri _ a Ho _ san _ na Ho_san_na Ho _san_na in ex_
ff
glo _ ri _ a Hosanna Ho san na in ex_cel _
ff
glo _ ri _ a Hosanna Hosanna in ex_cel _
_cel _ sis Ho_ san _ na Ho _ san_na Ho _ san_na in ex_cel_sis ho
_ sis Ho_san_na Ho_ san na in ex_cel _ sis ho
_ sis Ho_ sanna Ho sanna in ex _ cel_sis

FIN.
_san _ na ho _ san _ na in ex _ cel _ sis in ex _ cel _ _ sis
_san _ na ho_san _ na in ex_cel _ sis in ex _ cel _ _ _ sis
Ho sanna hosanna ho _ san _ na in ex _ cel _ sis
ff
AGNUS
Andte
SOLO
A _ gnus De _ _ _ i qui tol _ lis pec _ ca _
pp
_ta mun _ di A _ gnus De _ _ _ i
p
pp
qui tol _ lis pec _ ca _ ta Mun _ di mi _ se _ re _ re
pp

ff
no _ bis mi _ se _ re _ re no _ bis
CHŒUR
1re PARTIE
A _ gnus De _ i qui tol _ lis pec _ ca _ ta mun _
2e PARTIE
p
A _ gnus De _ i A _ gnus A _ gnus De _
BASSE
p
A _ gnus _ De _ i qui tol _ lis pec _ ca _ ta mun _
p
p
_ di A _ gnus De _ i mi _ se _ re _ re no _ bis
_ i A _ gnus De _ i mi _ se _ re _ re no _ bis
_ di A _ gnus De _ i mi _ se _ re _ re no _ bis
p

pp
Do _ na no _ bis do_na no _ bis pa _ cem
Do _ na no _ bis do _ na pa _ cem
Do _ na no _ bis do _ na no_bis pa _ cem
Do _ na no _ bis do_na no _ bis pa _ cem
Do _ na no _ bis do _ na pa _ cem
Do _ na no _ bis do _ na no_bis pa _ cem
pa _ cem pa _ cem
pa _ cem pa cem
Do_na no _ bis pa _ cem Do_na no _ bis pa _ cem

MESSE EN FA.

DOUBLE MAJEUR. 2me MESSE de DUMONT

KYRIE.

N° 140.
ORGUE. et *CHANT.* à la Basse.

GLORIA.

Glo _ ri _ a in ex _ cel _ sis De _ o
et in ter _ ra pax ho _ mi _ ni _ bus bo _ næ vo _ lun _
_ ta _ tis Lau _ da _ mus te Be _ ne _ di _ ci _
_ mus te A _ do _ ra _ mus te Glo _ ri _ fi _
_ ca _ mus te Gra _ ti _ as a _ gi _ mus ti _
_ bi prop _ ter ma _ gnam glo _ ri _ am tu _ am

Do _ mi _ ne De _ us Rex cœ _ les _ tis De _ us Pa _ ter om _
_ ni _ po _ tens Do _ mi _ ne Fi _ li u _ ni _ ge _ ni _ te
Je _ su Chris _ te Do _ mi _ ne De _ us, A _ gnus De _
_ i Fi _ li _ us Pa _ tris Qui tol _ lis pec _ ca _ ta
mun _ di mi _ se _ re _ re no _ bis Qui tol _ lis pec _
_ ca _ ta mun _ di sus _ ci _ pe de _ pre _ ca _ ti _ o _ nem nos _ tram

qui se _ des ad dex _ te _ ram Pa _ _ tris mi _ se _
_ re _ re no _ bis Quo _ ni _ am tu so _ lus Sanc _
_ tus Tu so _ lus Do _ _ mi _ nus Tu so _
_ lus Al _ tis _ si _ mus Je _ su Chris _ te
Cum sanc _ to Spi _ ri _ tu in glo _ ri _ a De _ i
Pa _ tris A _ _ _ _ _ _ _ men

CREDO

Pa _ trem om_ni _ po_ten _ tem fac_to _ rem cœ _ li et

ter _ ræ vi_si _ bi _ li _ um om _ ni _ um Et in _ vi _ si _

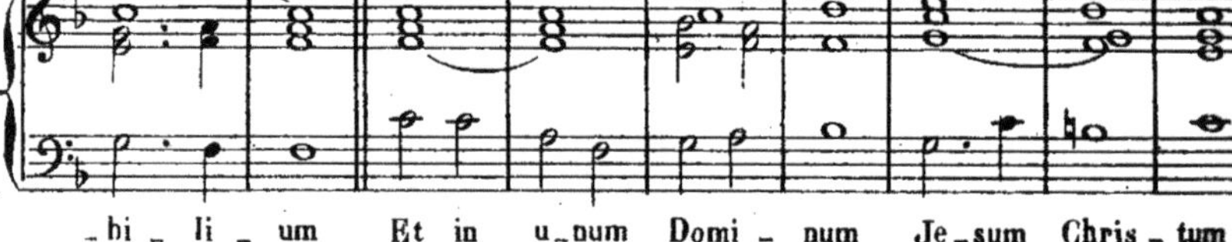
_ bi _ li _ um Et in u_num Domi _ num Je_sum Chris _ tum

Fi _ li _ um De _ i u _ ni _ ge _ ni _ tum et ex Pa_tre na _

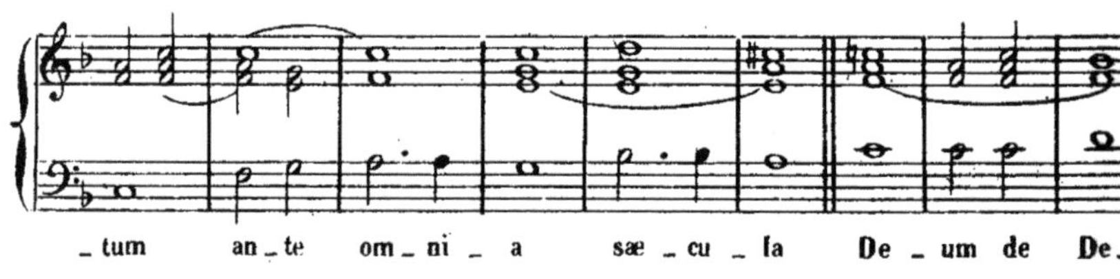
_ tum an _ te om _ ni _ a sæ _ cu _ la De _ um de De _

_ o lu _ men de lu _ mi _ ne De _ um verum de De_o ve _ ro

Ge_ni_tum non fac_tum con_subs_tan_ti_a_lem Pa_tri per
quem om_ni_a fac_ta sunt qui prop_ter nos ho_mi_nes et prop_ter
nos tram sa_lu_tem Des_cen_dit de cœ_lis et in_car_na_tus
est de spi_ri_tu sanc_to ex Ma_ri_a Vir_gi_ne ET
HO_MO FAC_TUS EST cru_ci_fi_xus e_ti_am pro_no_bis
sub Pon_ti_o Pi_la_to pas_sus et se_pul_tus est

et re _ sur _ re _ xit ter _ ti _ a de _ i se _ cun _
_ dum Scrip _ tu _ ras et as _ cen _ dit in cœ _ lum se _ det ad _
_ dex _ te _ ram Pa _ tris et i _ te _ rum ven _ tu _ rus
est cum glo _ ri _ a ju _ di _ ca _ re vi _ vos et mor _ tu _
_ os cu _ jus re _ gni non e _ rit fi _ nis Et in
spi _ ri _ tum sanc _ tum Do _ mi _ num et vi _ vi _ fi _ can _
_ tem qui ex Pa _ tre fi _ li _ o _ que pro _ ce _ dit

Qui cum Pa_tre et Fi _ li _ o si_mul a _do _ ra_tur et
conglo _ ri_fi _ ca _ tur qui lo _ cu_tus est per pro _phe _ tas
Et u _ nam sanc_tam ca_ tho_li _ cam et a _pos _ to _ li _ cam Ec_
_cle _ si _ am Con _ fi _ te _ or u _ num bap _ tis _ ma
in re _ mis _ si _ o _nem pec_ca _ to _ rum et ex _ pec _ to _
re_sur _ rec _ ti _ o_nem mor_tu _ o _ rum et vi _ tam ven_
_tu _ri sae _ cu _ li A _ _ _ _ _ _ men

SANCTUS

Sanc _ _ _ _ _ _ _ _ tus Sanc _ _
_ _ _ _ _ _ tus Sanc _ _ _ _ _
_ _ _ tus Do _ mi _ nus De _ us sa _ _ _ ba _
_ oth Ple _ ni sunt cœ _ li et ter _
_ _ ra glo _ ri _ a tu _ a Ho _ _ _
_ san _ na in ex cel _ sis Be _ ne _ dic _ tus qui

ve _ nit in no _ mi _ ne Do _ mi _ ni
Ho _ _ san _ na in ex _ cel _ sis
AGNUS
A _ gnus De _ i qui tol _ lis pec _ ca _ ta
mun _ di mi _ se _ re _ re no _ bis A _ gnus
De _ i qui tol _ lis pec _ ca _ ta mun _
_ di mi _ se _ re _ re no _ bis

MESSE DU 2e TON.

KYRIE

N°. 148.

ORGUE.
et
CHANT.
a la basse

A_do _ ra - mus te Glo _ ri _ fi _ ca _mus te
Gra_ti _ as a _ gi_ mus ti _ bi propter magnam glo_ri_ am tu _ am
Do_mi _ ne de _ us Rex cœ _ les _ tis De_us Pa_ter om_
_ni _ po _ tens Do _ mi _ ne Fi_ li u _ ni _ ge _ ni_
_te Je _ su Chris _ te Do _ mi _ ne De _ us A_gnus
De_ i Fi _ li _ us Pa _ tris Qui tol _ lis pec_ca_
_ta mun _ di mi _ se _ re _ re no _ _ _ _ _bis

Qui tol _ lis pec _ ca _ ta mun _ di sus _ ci _ pe de _ pr
_ ca _ ti _ o _ nem nos _ tram Qui se _ des ad dex _ te _ ram
_ tris mi _ se _ re _ re no _ bis Quo _ ni _ am tu so
_ lus sanc _ tus tu so _ lus Do _ mi _ nus
Tu so _ lus Al _ tis _ si _ mus Je _ su Chris _ te Cum
sanc _ to spi _ ri _ tu in glo _ ri _ a De _ i
Pa _ _ tris A _ _ _ _ _ _ _ _ _ _ men

SANCTUS

Sanc - - - tus Sanc - - -
- - - tus Sanc - - - - - - - - tus
Do_mi _ nus De_us sa _ ba _ oth Ple_ni sunt coe_li et
ter_ra glo_ri _ a tu _ a ho _ san na in ex _ cel
_ sis Be _ ne _ dic_tus qui ve _ nit in no _ mi _ ne
Do _ mi _ ni ho _ san _ na ex _ cel _ _ sis

AGNUS.

A _ gnus De _ i qui tol _ lis pec- ca _ ta mun
_ di mi _ se _ re _ re no _ bis A _ gnus De _
_ i qui tol _ lis pec _ ca _ ta mun _ di mi _ se
_ re _ re no _ bis A _ gnus De _ i qui tol _ lis
pec _ ca _ ta mun _ di Do _ na no _ bis pa _ cem

VÊPRES

PREMIER TON.

42

DEUXIÈME TON.

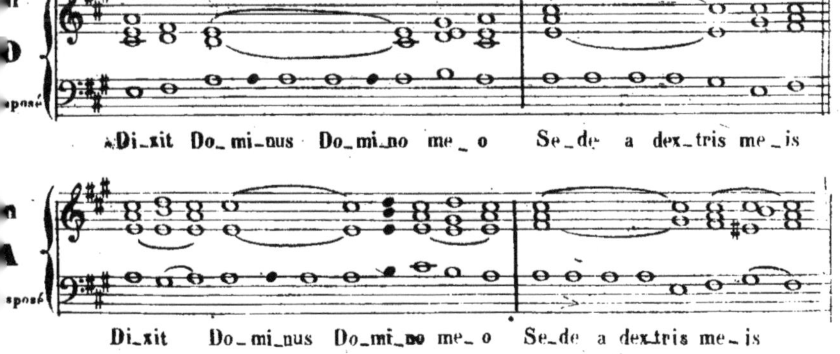

TROISIÈME TON.

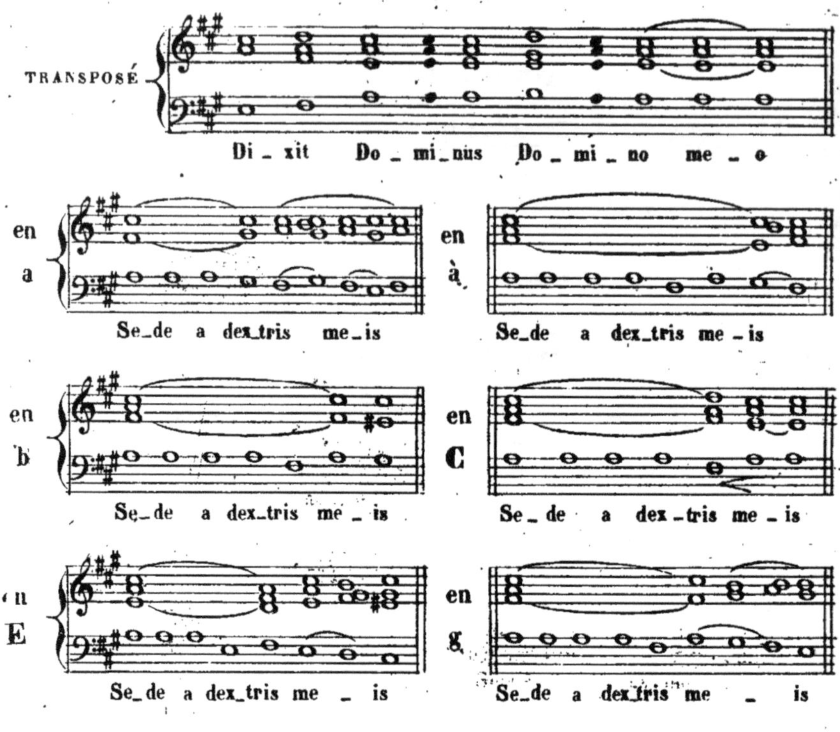

QUATRIÈME TON.

CINQUIÈME TON.

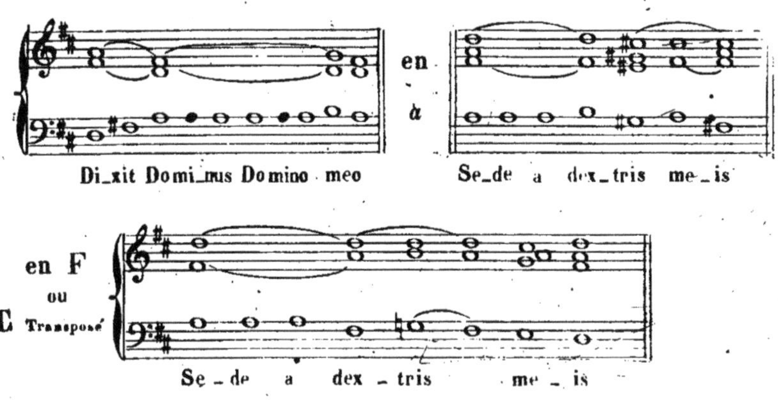

SIXIÈME TON.

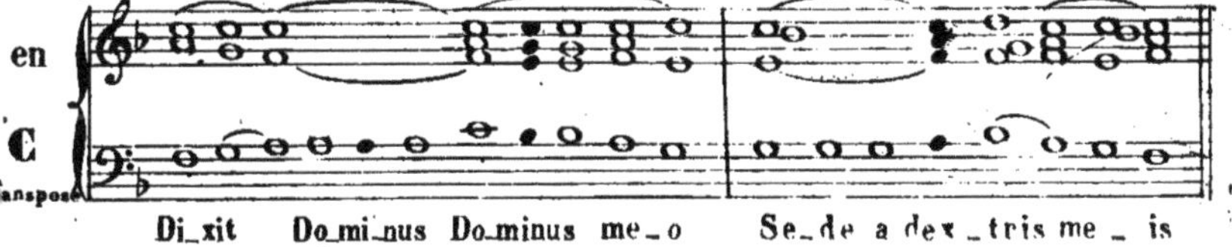

SEPTIÈME TON.

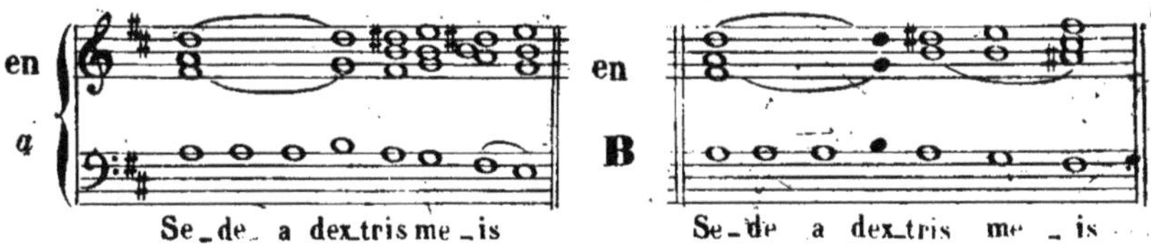

en C
Se_de a dex tris me_is
en C
Se_de a dex_tris me_is
en d
Se_de a dex.tris me_is
en G
Se_de a dextris me_is
HUITIÈME TON.
TRANSPOSÉ
Dix_it Do_mi_nus Do_mi_no me_o
en G
Se_de a dex_tris me_is
en C
Se_de a dex_tris me_is
O FILII.
Nº 143
SOLI
pp
Al_le_lui_a Al_le_lui_a Al_le_lui_a
CHŒUR.
1re PARTIE.
ff Al_le_lui_a Al_le_lui_a Al_le_lui_a
Rall
FIN
2e PARTIE.
ff Al_le_lui_a Al_le_lui_a Al_le_lui_a
BASSE.
ff Al_le_lui_a Al_le_lui_a Al_le_lui_a
ORGUE.

REMARQUE *Les strophes peuvent ce chanter une fois en Soli, une fois en Trio, puis en Chœur, (ad: lib:)*

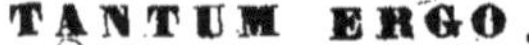

TANTUM ERGO.

Nº 144.

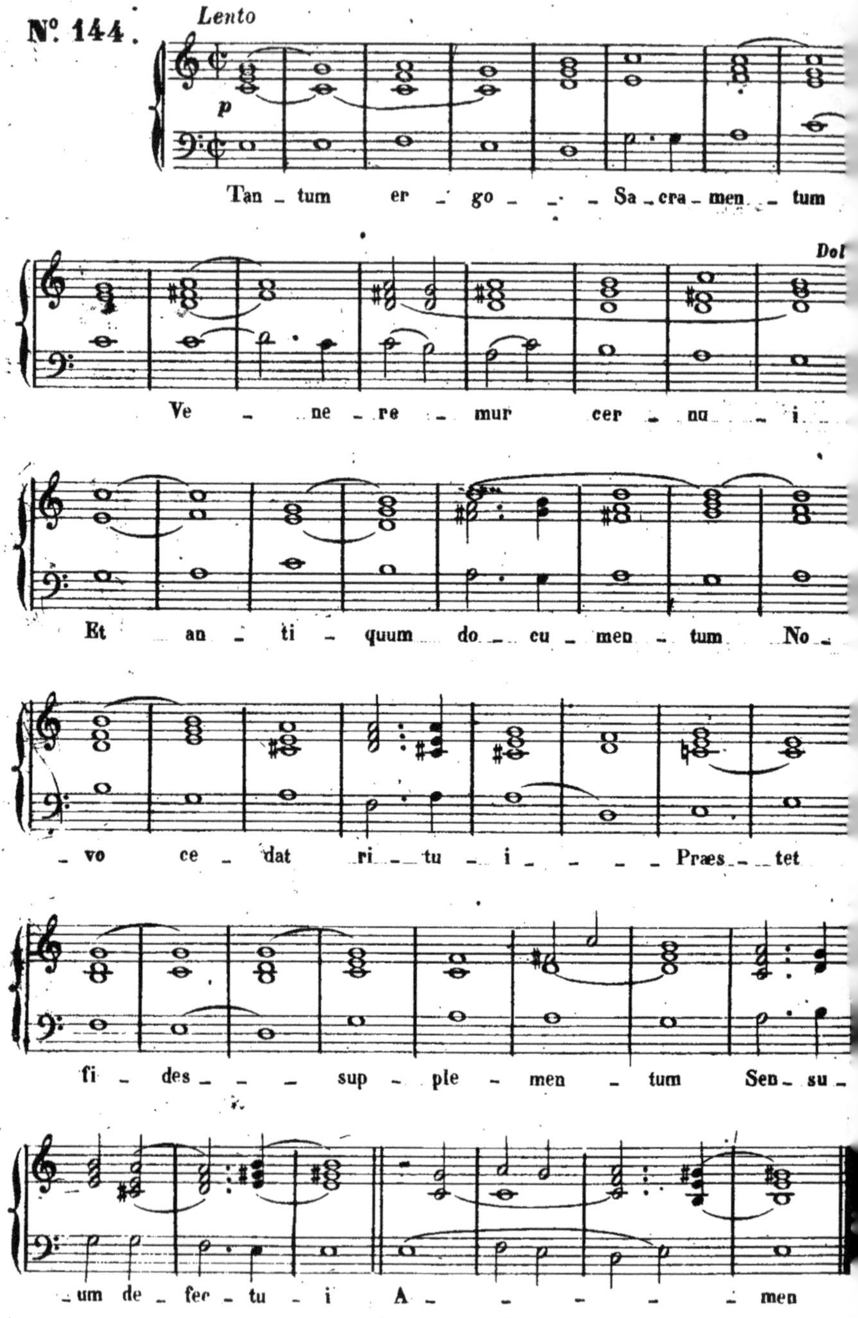
Lento
p
Tan _ tum er _ go _ _ _ Sa _ cra _ men _ _ tum
Dol
Ve _ ne _ re _ mur cer _ nu _ i _
Et an _ ti _ quum do _ cu _ men _ tum No _
_ vo ce _ dat ri _ tu _ i _ _ _ Præs _ tet
fi _ des _ _ _ sup _ ple _ men _ tum Sen _ su _
_ um de _ fec _ tu _ i A _ _ _ _ _ men

SANCTUS.
(POUR BÉNÉDICTION)
N°. 145.
Andante.
1re et 2e PARTIES.
BASSE.
PIANO.
Sanc - tus Sanc - tus Sanc - tus
Sanc - tus Sanc - tus Sanc - tus
Sanc - tus sem - per Sanc - tus Je - su Chris - te
Sanc - tus sem - per Sanc - tus Je - su Chris - te
E - ter - ne in Sanc - to sa - cra - men - to.
E - ter - ne in Sanc - to sa - cramen - to.
rall.
suivez.

COR JESU

POUR BÉNÉDICTION

N°. 146.

ADOREMUS.

N°. 147.

O SALUTARIS.

Nº. 148.
Lento.
pp
CHANT.
ORGUE.
dolce.
pp
O Sa _ lu _ ta _ ris hos _ ti _ a
Que cœ _ li pan _ dis os _ ti _ um Bel _ la
ff
pre _ munt Bel _ la pre _ munt hos _ _ ti _ li _
_ a Da _ ro _ bur fer au _ xi _ li _ um Da _
p
pp
_ ro _ bur fer au _ xi _ li _ um A _ men A _ men

TANTUM ERGO.

N°. 149.
Andte. religioso.
1re et 2e PARTIES
BASSE.
ORGUE.
pp
p
Tan _ tum er _ go sa _ cra _ men _ tum
Tan _ tum er _ go sa _ cra _ men _ tum
Ve _ ne re _ mur cer _ nu _ i Et an _
Ve _ ne re _ mur cer _ nu _ i Et an _
_ ti _ qum do _ cu _ men _ tum, No _ vo ce dat ri
_ ti _ qum do _ cu _ men _ tum, No _ vo ce dat

rall.
pp
tu i Pres _ tet fi _ des su _ ple _
pp
ri tu i Pres _ tet fi _ des su _ ple _
pp
sen_su um de fec tu
_men _ tum Sen_su um de fec tu i.
_men _ tum Sen _ su um de fec tu i.
pp Ge _ ni _ to _ ri Ge _ ni _ to quœ
Ge _ ni _ to _ ri Ge _ ni _ to quœ
pp
Laus et Ju _ bi _ la _ ti _ o Sa _ lus
Laus et Ju _ bi _ la _ ti _ o Sa _ lus
pp

ho_nor vir_tus quo quœ Sit et bene_dic_ti.
ho_nor vir_tus quo quœ
Sit et bene_dicti_o, Pro _ ce den_ti ab u
pp
dolce.
Sit et bene_dicti_o, Pro_ce den_ti ab u
ff
pp
Lau_da _
_tro_quœ com par sit Lau _ da _ ti _
_tro_quœ com par sit Lau _ da _ ti _
_o A _ men A _ men
_o A _ men A _ men
p
p

AVE VERUM de TRÈVES.

O Je - su dul - cis O Je-su pi - e
O Je - su dul - cis O Je-su pi - e
O Je - su Fi - li Ma - ri - a Tu no -
O Je - su Fi - li Ma - ri - a Tu no -
-bis Tu no - bis mi - se-re - re Tu no -
-bis Tu no - bis mi - se-re - re Tu no -
-bis Tu no - bis mi-se - re - re.
-bis Tu no - bis mi-se - re - re.

O SALUTARIS.

(Pour Baryton solo)

No. 151.

Rall
p
ti _ li _ a Da _ ro hur fer au _
Suivez
p
_ xi _ li _ um Da _ ro hur fer au _ xi _ li _
pp
_ um O sa _ lu _ ta _ ris sa _ lu_ta _ ris hos _ ti_a
pp
o sa_lu _ ta _ ris hos _ ti _ a o sa_lu _
_ ta _ ris hos _ ti _ a
Rall

ADESTE

Nº. 152.

CHŒUR.

ff
1res et 2es PARTIES
Na _ tum vi _ de _ te Re_gem An_ge _ lo _ rum ve_
BASSE
Na _ tum vi _ de _ te Re_gem An_ge _ lo _ rum
ORGUE
ff
1re SOLO.
1res et 2es
_ ni _ te a _ do _ re _ mus ve _ ni _ te a _ do _ re _ mus ve_
ve_
pp
_ ni _ te a _ do _ re _ mus Do _ mi _ num
_ ni _ te a _ do _ re _ mus Do _ mi _ num
Rall

DOMINE SALVUM.

N°. 153.

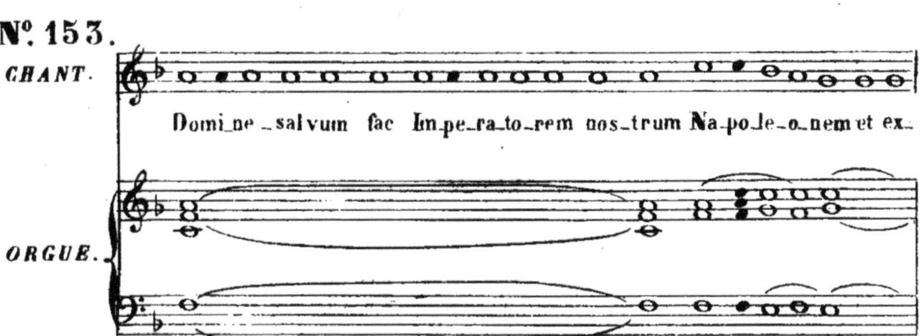

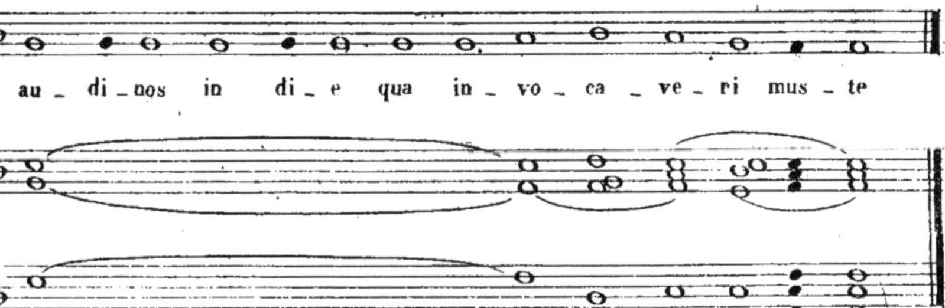

AVE REGINA.

N°. 154.

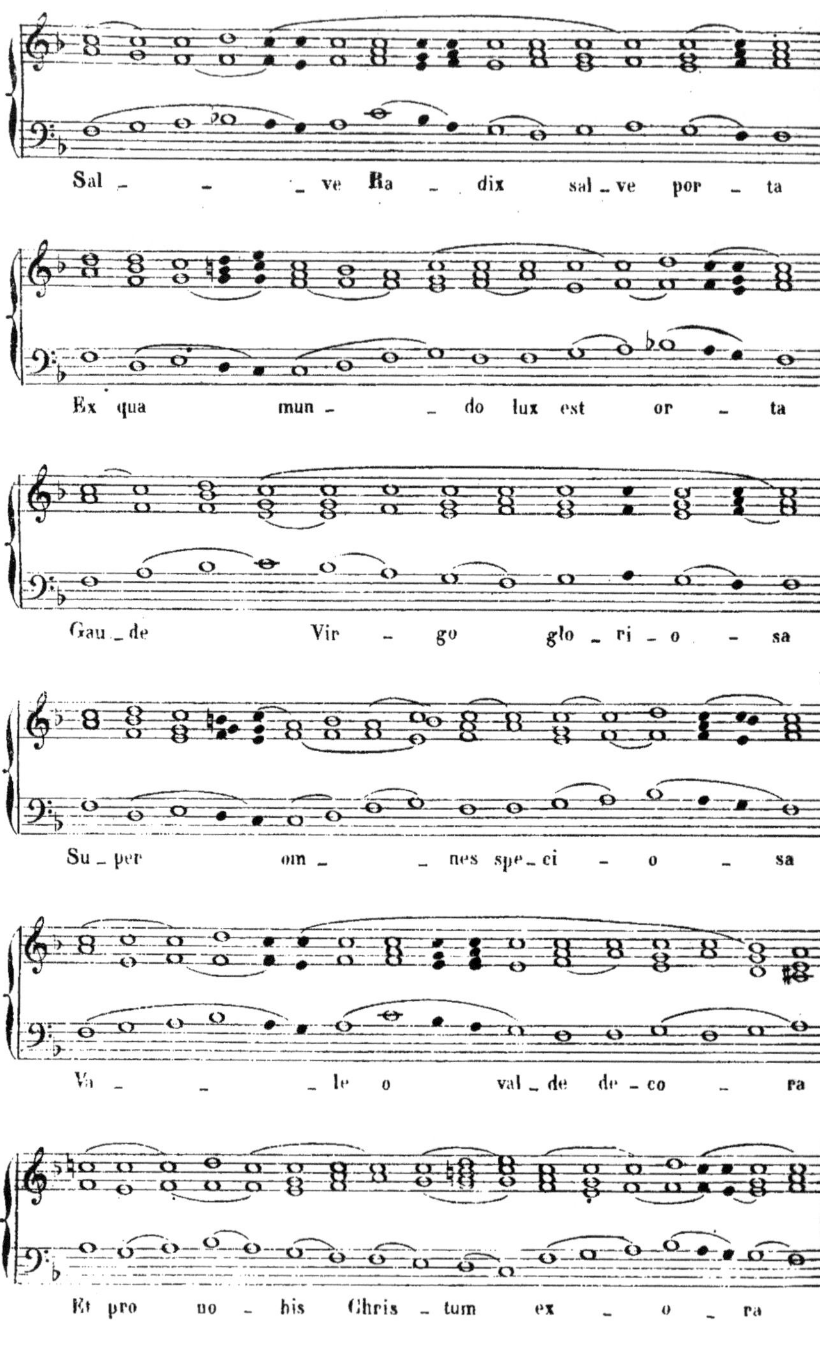
Sal _ _ _ ve Ra _ dix sal _ ve por _ ta
Ex qua mun _ _ do lux est or _ ta
Gau _ de Vir _ go glo _ ri _ o _ sa
Su _ per om _ _ nes spe _ ci _ o _ sa
Va _ _ _ le o val _ de de _ co _ ra
Et pro no _ his Chris _ tum ex _ o _ ra

SALVE REGINA.
de CLUNY
N°155.
Lento
CHANT
ORGUE.
pp
Sal _ ve Re _ gi _ na Ma_ter mi_se_ri_cor _ di_æ
vi _ ta dul _ ce _ do et spes nos _ tra sal _ ve
Ad te cla_ma_mus ex_su_les fi _ li _ i He _ væ
ad te sus_pi_ra _ mus ge_men _ tes et flen _ tes
in hac la_cry_ma _ rum val _ le E _ i _ a er _ go

Ad _ vo _ ca _ ta nos _ tra il _ los tu _ os mi _ se _ ri_cor
_ des o _ cu_los ad nos _ con_ver _ te. Et je_sum be_ne_dic _ tu
fructum ventris tu _ i no_bis post hoc ex i li_um
be _ ni_gnum os _ ten de _ o cle _ mens
o pi _ a o dul _ cis Vir_go Ma_ri _ a

REGINA CŒLI

Nº 156.

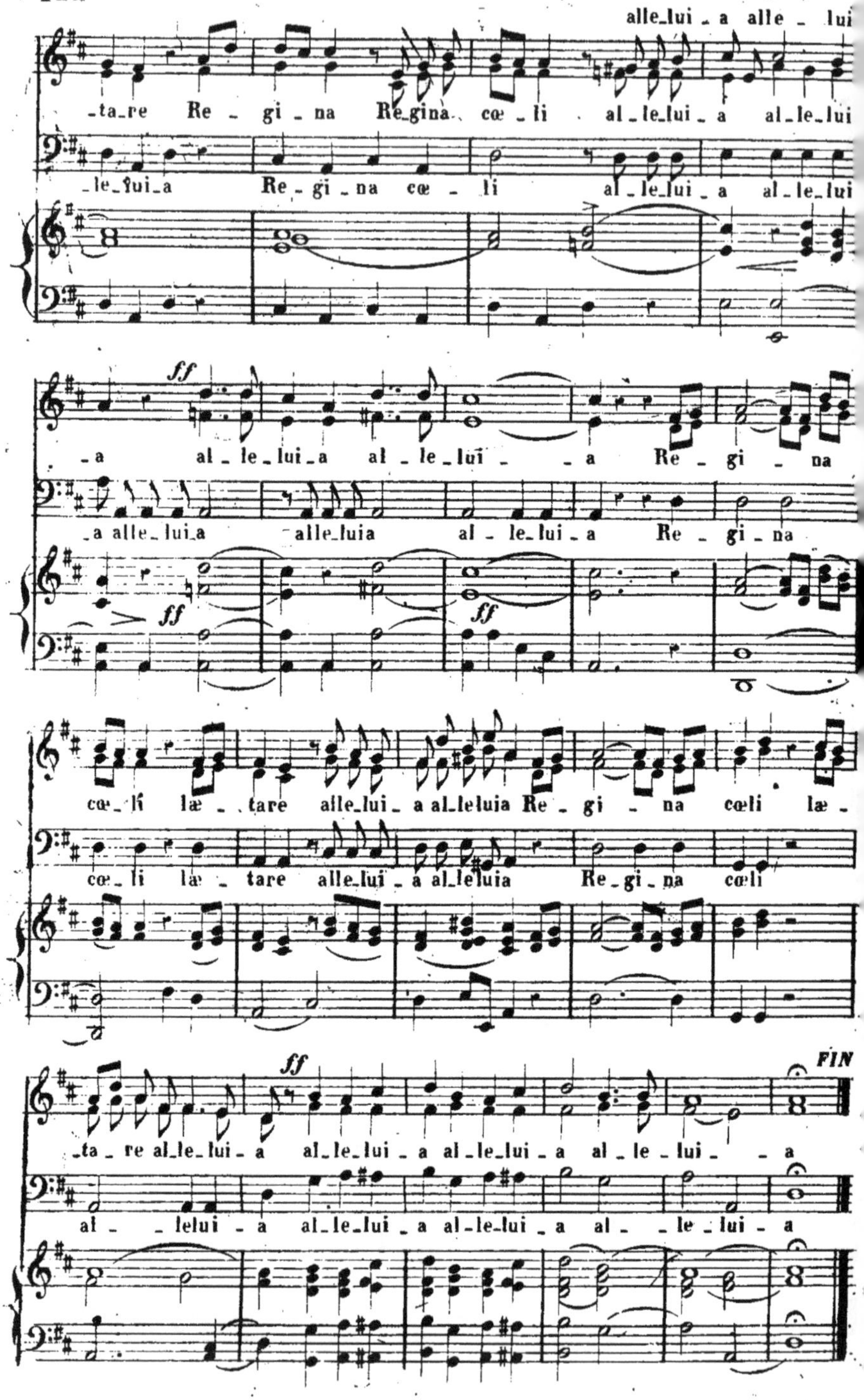
alle_lui _ a alle _ lui
_ta_re Re _ gi _ na Re_gina cœ _ li al _ le_lui _ a al _ le_lui
_le_lui_a Re _ gi _ na cœ _ li al _ le_lui _ a al _ le_lui
ff
_a al _ le_lui_a al _ le_lui _ a Re _ gi _ na
_a alle_lui_a alle_luia al _ le_lui _ a Re _ gi _ na
ff
ff
cœ_li læ _ tare alle_lui _ a al_leluia Re _ gi _ na cœli læ _
cœ_li læ _ tare alle_lui _ a al_leluia Re_gi_na cœli
ff
FIN
_ta _ re al_le_lui _ a al_le_lui _ a al_le_lui _ a al _ le _ lui _ _ a
al _ _lelui _ a al_le_lui _ a al_le_lui _ a al _ _le _lui _ a

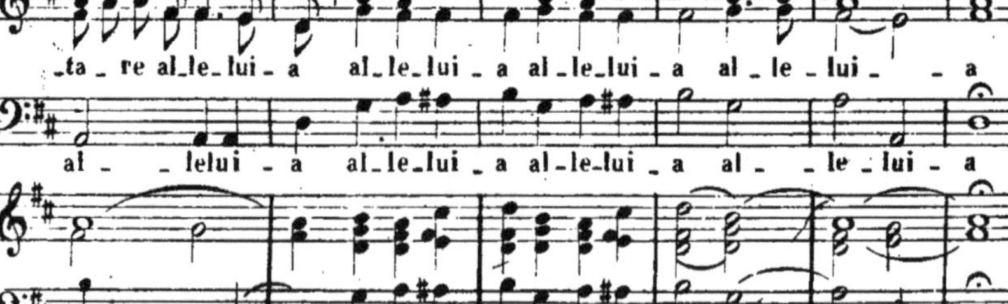

SOLI *Piu lento*

Qui_a quem me_ru_is ti por_ta_ _ _

pp

_re Al_le_lui_a al_le_lui_a al_le_lui_a al_le_lui_ _

ff

_a Re_sur_re_xit si_cut dix_it al_le_lui_ _

_a Re_sur_re_xit si_cut di_xit al_le_lui_ _

pp D.C.𝄋 *ff*

_a al_le_lui_ a al_le_lui_ a al_ le_lui_a Re_

Rall

1e PARTIE. pp DUO.
2e PARTIE.
Piu lento.
O -
pp
- ra pro no - bis o - ra pro no - bis De - um
o - - ra pro no - bis De - um al - le - lui - a O -
- ra pro no - bis o - ra pro no - bis De - um Alle
SOLI.

CHŒUR.
1e PARTIE.
SOLI.
_lui _ a alle _ lui _ a alle _ lui _ _ a alle _
pp 2e PARTIE.
A demi voix.
al_le_luia alle_lui_a al _ le _ lui _ a alle_lui_a
pp BASSE.
A demi voix.
al_le_luia alle_lui_a al _ le _ lui _ a alle_lui_a
pp
_lui _ a alle _ lui _ a al _ le _ lui _ _ _ a
pp
al_le_lui_a al _ le_lui_a al _ le _ lui _ a
pp
al_le_lui_a al _ le_lui_a al _ le_lui _ a al _ le _ lui _
pp
ff
al _ _ le _ lui _ a al _ le _ lui _ _ _ a Re _
ff
al _ _ _ le _ lui _ a al _ le _ lui _ a Re _
ff
_ a al _ le _ lui _ a al _ le _ lui _ a Re _

10 MORCEAUX FACILES.

POUR ORGUE

VERSET.

No 158.

ANTIENNE

Andte religioso.

No 159.

ANTIENNE (NOËL)

Andte pastorale.

No 160.

ECHOS.
pp
pp
1a
2a
OFFERTOIRE
Maestoso.
No 161.
p
ff
p
ff
ff
pp
pp

pp
pp
ff
pp
ff
pp
ff
pp

pp
ff
ff
pp
Rall.
D.C.

ÉLÉVATION.

N°162.

VERSET

Andante Pastorale

N°163.

Rall.
pp.
Rall.
COMMUNION.
Lento.
N° 164.
pp

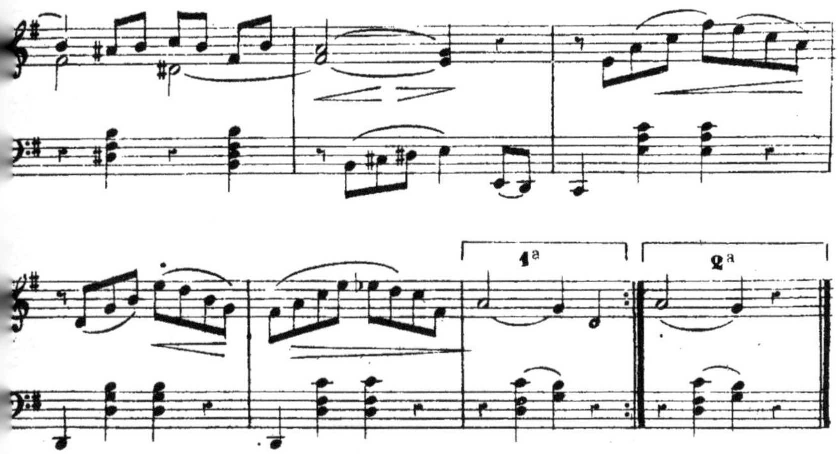
1a
2a

ÉLÉVATION

N° 165.

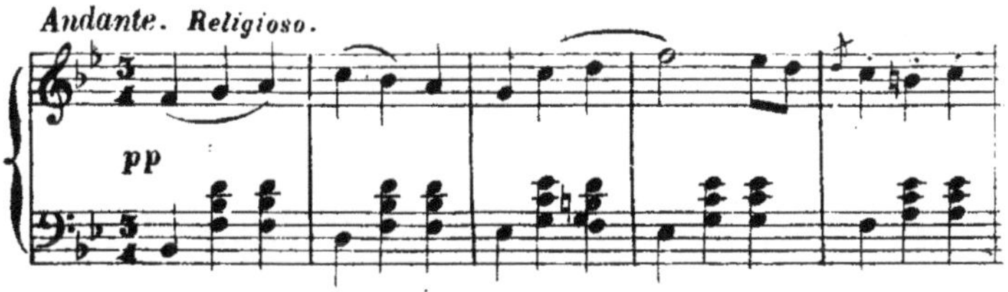
Andante. Religioso.
pp

pp
1a
2a

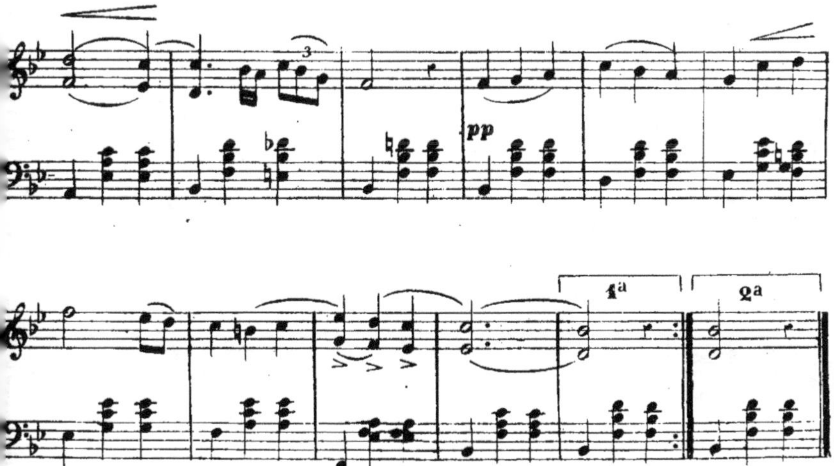

p
pp
Ritenuto
pp
pp
1ª
2ª

SORTIE

Grav: LAVILLEMARAIS ... 75 Imp: TRINOCQ rue Coquenard 11

TABLE DES MATIÈRES

Morceaux pour Orgue :